Comptons avec les petits lapins

d'Elizabeth B. Rodger

Adaptation française : Josette Gontier

DEUX COQS D'OR

Dépôt légal n°2725 - novembre 1994 I.S.B.N. 2.01.392004.0
Loi n°49 956 du 16 juillet 1949 sur les publications destinées à la jeunesse. Imprimé au Canada

Sophie est la plus petite de la famille Lapin.
Elle a **une** sucette et **un** chapeau rose.
Que peux-tu trouver encore qui n'apparaît qu'**une** fois ?

2
deux

Sophie adore jouer dans le bac à sable avec son frère Victor. Lorsque Sophie et Victor sont ensemble, il y a **deux** petits lapins. Ils ont chacun **deux** yeux, **deux** longues oreilles, **deux** mains et **deux** pieds.
Qu'y a-t-il d'autre qui aille par **deux** ?

3 trois

Sophie a **trois** sœurs. L'une joue à la poupée.
La deuxième cueille des fleurs.
La troisième fait du tricycle. Le tricycle
a **trois** roues.
Qu'y a-t-il d'autre par **trois** ?

Sophie a **quatre** frères. Trois frères, plus Victor, cela fait bien **quatre** ! Victor frappe très fort dans le ballon. Bravo, Victor ! Tu as marqué un but.

5
cinq

Hélas ! Cette fois, Victor a frappé beaucoup
trop fort. Comment retrouver le ballon
dans les tournesols ?
A toi de compter **cinq** beaux tournesols !

« Veux-tu sortir d'ici ! »
Victor sort en courant
du massif de tournesols.
Derrière lui, **six** petites souris
sont très irritées.
Elles dormaient si bien
à l'ombre !

7
sept

Sept petits lapins se sont mis à sauter.
« Hop ! Tous ensemble ! »
a dit le premier.
Mais, affamé, l'un d'eux s'est arrêté.
Veux-tu compter combien
de carottes il va croquer ?
Tu as dit **sept** ?
C'est gagné !

Quatre frères plus **quatre** sœurs,
et voilà **huit** petits lapins qui jouent
sur la cage à poules.
Les plus grands grimpent au sommet.
Sophie, la plus petite, se balance.

9
neuf

Les petits lapins entendent
leur maman qui les appelle.
Elle a une bonne nouvelle
à leur annoncer :
ils vont tous pique-niquer.
Les oncles, les tantes
et les cousins viennent aussi.
Il y a **neuf** lapins, maintenant.
Huit enfants et **une** maman,
cela fait **neuf**.

Papa Lapin range **dix** bouteilles de jus de framboise dans le panier à pique-nique.
Peux-tu compter **dix** autres choses ?

Que de joie ! Que d'agitation, lorsque **dix** lapins s'en vont pique-niquer !
Tu veux bien tous les compter ?

Dix lapins gravissent la colline
pour aller pique-niquer.
Grand-Mère et Grand-Père
les accompagnent.
Avec Grand-Mère, il y a **onze** lapins.
Avec Grand-Père, cela fait **douze**.

Mais voici Oncle Fred qui arrive à toute vitesse sur sa bicyclette. Il y a maintenant **treize** lapins. Il a dépassé Oncle Jean et Tante Amélie qui transportent une énorme glacière remplie de bonnes choses. Il y a **quatorze,** puis **quinze** lapins. Maintenant, **quinze** lapins s'en vont pique-niquer.

Les **quinze** lapins descendent
de l'autre côté de la colline.
Regarde bien ! Vois-tu les **cinq**
cousins qui dévalent la pente ?
Quinze plus **cinq**, cela fait **vingt**.
Comptons ensemble :
seize, **dix-sept**, **dix-huit**,
dix-neuf, **vingt**.
Vingt lapins s'en vont pique-niquer.

Les **vingt** lapins sont arrivés dans le pré.
Que de bonnes choses à manger !
Ils sont tous si affamés !
Mais voici qu'arrivent encore des oncles,
des tantes et des cousins. Maintenant,
il y a **trente**, **quarante**, **cinquante** lapins !

Quel joyeux spectacle !
Les petits lapins gambadent
et font mille jeux endiablés.
Ce pique-nique,
ils ne l'oublieront jamais !

Mais vient l'heure de rentrer. Tous les lapins très fatigués se font des signes d'amitié. Sauf Sophie, la plus petite, qui dort déjà à poings fermés.